[プロローグ]　　　　　　　　　　　　　_004

[ヨンアスキン]　　　　　　　　　　　　_026

[ヨンアボディ]　　　　　　　　　　　　_044

[ヨンアヘア]　　　　　　　　　　　　　_056

[ヨンアパーツ]　　　　　　　　　　　　_072

[ヨンアメーク]　　　　　　　　　　　　_086

[ヨンアフレグランス]　　　　　　　　　_118

[ビューティスポット9]　　　　　　　　_124

[ショップリスト]　　　　　　　　　　　_126

[エピローグ]　　　　　　　　　　　　　_127

QRコード®を読み込むと、ヨンアのお手入れ法が見られます！

本書では動くヨンアも楽しめます。QRコード®を読み込むとスキンケアやボディケア、メーク法…など、本書で紹介したヨンアプロセスがさらに詳しい動画で見られます。本誌と動画は連動しているので、照らし合わせてお手入れをすると、よりヨンアに近づける仕組み。各プロセスの最後にあるQRコード®をお見逃しなく！

※動画は2020年12月20日までの公開を保証します。

90% ヨンア

ずっとずっと出したかった美容の本。
今こうしてまたひとつ夢がかなって、すごくうれしい気持ちでいっぱいです。
私にとって美容はファッションと同じくらい特別なもの。
今まで大切に大切に温めてきました。

17歳で日本に来て、13年がたち、今年30歳。
なんのトラブルもなかった若い頃は、
私の興味は美容よりファッション。
本当に美容に関する努力はあまりしていなかったと思います。

変化が現れたのは、26歳くらいのとき。
突然原因不明のアレルギーに悩まされ、それまでトラブルらしいトラブル
なんて起きたこともなかった肌が、あれやすくなってしまったのです。
そこから皮膚科に行ったり、化粧品をいろいろ試したり…
私の美容道が始まりました。

若い頃もっとお手入れをしておけば良かった
と思うことも正直ありますが、過去には戻れない。

年齢を重ねたことで、トラブルや悩みは増えたけれど、
運命のコスメを探すドキドキ感やお手入れの楽しさ、そしてその結果が出る喜び。
美容の面白さや奥深さに気づけたことは、
これからの人生においてすごくラッキーだったと思います。

今では自他ともに認める美容マニアの私。
この本には、実際に私が買って愛用しているお気に入りたちを詰め込みました。
スキンケアもヘアやメークのHow Toも全部リアルに自宅でやっていること。
この本を手に取っていただいて、少しでも美容への意識を
高めるきっかけになってもらえたらうれしいです。

最後に。この本のタイトルにはこんな意味を込めました。

まだまだ完璧じゃない、『理想に程遠い90％の自分』。
そんな『今の私のほぼすべて、90％』を公開した初めての美容本。

ぜひ多くの方に読んでいただき、
一緒に美容を楽しむきっかけになっていただけるように願いを込めて…。

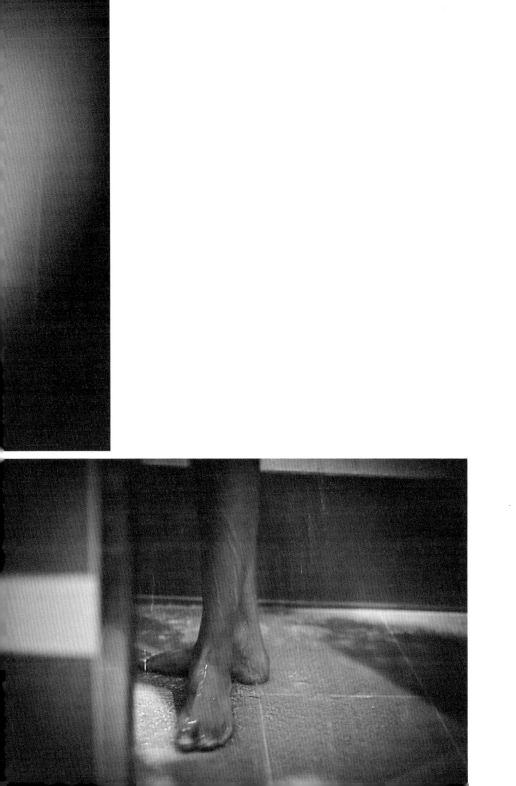

90%
026　[ヨンアスキン]

[ヨンアスキン]

TELL ME
HOW TO SKIN CARE

街や仕事で出会う多くの女性。メークはもちろん、肌がキレイだとすごく気になって、思わず「何使っているんですか？」って聞きたくなっちゃう。そのくらい肌は大事だし、女性の美しさの象徴。大人の美しい肌には、その裏の努力が透けて見えるから、なおさら美しさに価値があると思います。
私がスキンケアで特に大切にしているのは、基本的なクレンジングと保湿。エイジングや美白といったケアも気になるけれど、肌が敏感に傾きやすいので、まず肌の土台を強くすることがいちばん。その基本のケアを大切にしながら、毎日朝晩肌チェックをして、その時々で肌に必要なケアをプラスしています。
スキンケアに必要な化粧品は、雑誌の人気ランキングやネットの情報をこまめにチェック。お店でサンプルをいただいて試してから購入することもあります。

90%
［ヨンアスキン］

Cleansing

メークと同じくらいの時間をかけて、丁寧に落とす

1.「アイメークがスルリと1回で落ちて、デリケートな目元もヒリヒリしない。手頃な値段でたっぷり使えるのも◎。もう何本もリピートしています」コーセーコスメポート ソフティモ ポイントメイクアップリムーバーW 230㎖ ¥665（編集部調べ） 2.「やっぱり楽チンなのがオイルの魅力。大容量ボトルを免税店では必ず買います」シュウ ウエムラ アルティム8 スブリム ビューティ クレンジング オイル 150㎖ ¥4,200　3.「肌が疲れているなと思ったらこのバームの出番。付属のガーゼを蒸して使うのは少し手間ですが、後肌はふかふかつるん。ハーブの香りにも癒される」エスティ フィロソフィ イウロム クレンザー 200㎖ ¥23,000　4.「そのまま泡で出てくる手軽さは病みつきに。しかもその泡はしっかり弾力があって完璧！」花王 キュレル 潤浸保湿 泡洗顔料［医薬部外品］150㎖ ¥1,200（編集部調べ）

029

値段やブランドより
大切なのは自分の肌との相性

スキンケアに疎かった私が、若い頃から唯一まじめにしてきたのがクレンジング。韓国でお仕事を始めた中学生のとき、周りの先輩たちから「クレンジングだけはしっかりしたほうがいいよ」と言われ、気づけばそれが習慣になっていました。仕事柄、何度もメークチェンジをしたり、長時間濃いメークをすることも多く、肌に負担をかけがちです。だからクレンジングは自分の肌に"お疲れ様"の気持ちを込めて、丁寧に。目元と全体の肌は、使っているコスメもメークの濃さも違うので、必ず分けてクレンジングするのもこだわりです。1日の終わりに優しく時間をかけてメークを落とすと、肌と一緒に気持ちまでリセットされてすっきり。その後の保湿ケアの浸透にも差が出るんです。

90%
[ヨンアスキン]

Moisture

洗顔後は即ケア。潤いの層を重ねて徹底保湿

1.「オイルのベタつくイメージを覆してくれた逸品。朝晩使うことでトラブルの起きにくい肌に」シスレー ブラックローズ プレシャスオイル 25㎖ ¥22,000 2.「スイス・パーフェクションは韓国のヘアメークさんに紹介されたのが最初のきっかけ。普通の化粧水としても拭き取り用としても使えます。とろみ系にはないみずみずしい潤い感と優雅な香りが最高」日本スイス・パーフェクション セルラーリフレッシングトナー 200㎖ ¥16,000 3.「サンプルを使ってその良さを実感。肌の密度がギュッと詰まって免疫力が上がる感じ。揺るがない強い肌になります」同 RS-28セルラーRセラム 30㎖ ¥32,000 4.「美肌の先輩におすすめされて。のびが良くてしっかり潤う」ポーラ B.A ザ アイクリーム 18g ¥20,000 5.「浮気しても戻ってくるのはここ。確かな保湿力も濃厚なテクスチャーも香りも…全部好き」ドゥ・ラ・メール クレーム ドゥ・ラ・メール 60㎖ ¥35,000

031

いろいろなテクスチャーを
使えばお手入れが飽きないよ

敏感気味の超乾燥肌なので、保湿はお手入れの基本でありすべて。たっぷり保湿するのはもちろん、なるべく肌に乾く隙を与えないように、時間にもこだわります。お風呂から上がったら、1秒でも早く保湿。コスメ選びは事前にリサーチしたり、サンプルで試したりとかなり慎重な分、気に入ったコスメはとことん使う。なのでこの5品は既に何度もリピート中ですが、これからも長いお付き合いになりそうです。そして何を使うかはもちろん、〝どう使うか？〟も大切。たっぷりの量を使って、なるべく肌の刺激となる摩擦を起こさないように優しくハンドプレス。肌の奥に成分を押し込むイメージでケアをしています。

032 [ヨンアスキン]

90%

Process

ポイントクレンジングから保湿クリームまでの全プロセス

softymo
>>P.28

目元オフはたっぷりの量で
肌をこすらないのが大切

2層のリムーバーをよく振って。たっぷりの量をコットンにとったら、目元に優しくのせます。その状態でしばらくストップ。メークとリムーバーがなじむのを待って。15秒程おいてコットンを滑らせると、1度でキレイに落ちます。目の際などに残った分は、折ったコットンの角を使って丁寧にオフ。

shu uemura
>>P.28

肌クレンジングは
〝下から上〟を意識します

肌全体のクレンジングも摩擦で肌に負担をかけないようにたっぷりの量を。日々はシュウのオイル、時間があるときはイヴロムのクレンジングを使います。下から上に向かって優しくクルクル。オイルの場合は、洗い流す前に、水を加えて白くなるまでマッサージ。こうして肌の上でしっかり乳化させるのもポイントです。

Curél
>>P.29

洗顔はたっぷりもちもちの泡で包み込むように

クレンジングの後は洗顔を。たっぷりの泡を肌の上で転がすように、優しく優しく洗います。
仕上げに、生え際やフェースラインまでしっかりすすぐことも忘れずに。

sisley
>>P.30

ブースターオイルで潤いのベース作り

洗顔後はなるべく時間を空けずに、即保湿！ まずはオイル。スポイトから、5滴くらいをとって、手のひらになじませたら顔全体に。手は滑らせるのではなく、優しくプレスするようにつけるのがこだわり。シスレーのオイルは全くベタつかずあっという間に浸透。このオイルでまず肌を柔らかくほぐすことで、その後の化粧水や美容液の効果も上がります。

90%
[ヨンアスキン]

スプレー化粧水で
たっぷりと水分を補給

オイルの後は化粧水。気に入っているのはスイス・パーフェクションのスプレータイプ。5～6プッシュ、浴びるように吹きつけます。あっという間に肌に吸い込まれるので、手でなじませる必要もなし。肌がほのかにひんやりするので、潤いはもちろん毛穴もキュッと引き締まる感じ。香りも最高!

SWISS PERFECTION
>>P.30

肌の底上げのために
美容液は朝晩のマスト

この美容液の量は2～3プッシュ。これもオイルと同じように、滑らせるのではなく、優しく細かくプレスするように。少しでも肌をこすると摩擦が起きて肌の刺激になるような気がして…。目の際、口周り、首元まで…、全て顔だと思って丁寧になじませます。

SWISS PERFECTION
>>P.30

035

POLA
\>>P.31

乾きやすい目元に
何がなくてもアイクリーム

「アイクリームはとても大切」。周りの先輩たちにアドバイスされて、若い頃から塗っていたので、アイクリームは習慣化しています。少量を指にとったら、目尻から下まぶたを通って目頭へ、トントンと軽くマッサージするように塗ります。

力が入りにくい薬指で
優しくトントン、奥へ奥へ

目元の皮膚は特にデリケートだから、こすらないようにするのはもちろん、指の中でも力が入りにくい薬指しか使いません。下まぶたを通ったら、そのまま上まぶたの目頭から目尻へ。外側から内側へ、内側から外側へ、目の周りをぐるりと囲むように全体になじませて。

90%
[ヨンアスキン]

DE LA MER
>>P.31

クリームは手のひらで
温めて柔らかく

お手入れの仕上げは保湿効果の高いクリーム。頼りになるのはやっぱりドゥ・ラ・メール。大きめのパール粒大をとったら、手のひらをこすり合わせて温めます。体温で温まると、固かったクリームが柔らかくオイル状に変化。肌になじみやすい。

マッサージするように
肌にのばします

柔らかく滑りが良くなったクリームは、手のひら全体を使って包み込むようにしながらマッサージ塗り。キュッと上がったキレイな肌をイメージして、〝内側から外側〟〝下から上〟を意識しながら丁寧に。

フェースラインを流し
ながら首までちゃんと

顔の延長でデコルテまでしっかりケア。あご先から耳の下までフェースラインを持ち上げながら、そのまま首を通ってリンパ節の集まる鎖骨へと優しくマッサージ。コリや老廃物を流してあげます。そして最後、指に残った分で耳まで保湿。

ヨンアの動くスキンケア
プロセスが見られる！

動画をチェック↓

90%
[ヨンアスキン]

Deep Cleansing

週に1度は肌の大掃除を

毎日丁寧にクレンジングをしても、少しずつ蓄積されてしまう毛穴の汚れやくすみは、定期的にディープクレンジング。私が好きなのはクレイ（＝泥）。自然由来で皮脂や汚れを穏やかに吸着してくれるから、すっきり感はありつつ刺激がないのが安心。洗い流した後の透明感とつるつる感は、何度やっても感動もの！

メークのノリが良くなるので、大切な日の前日にも必ず

1.「クレイベースに、ハリやツヤを与える美容成分が入っているから、突っぱり感がなく、後肌はむしろしっとり」エスティフィロソフィ イヴロム Rマスク 100ml ¥14,000 2.「真っ黒な色は、北欧の森に自生するハーブやコケの成分が凝縮された天然の泥なんです。顔やボディと全身に使います」フランシラ&フランツ フランシラ ピートトリートメント 500ml ¥9,800 3.「ムース状でお手軽！」イニスフリー 火山ソンイ クレイ ムース マスク／日本未発売

Deep Moisture

時短アイテムを賢く使う

肌を観察して少しでも「乾燥しているな…」と思ったら、保湿を強化。ただし、かける時間やコスメをむやみに増やすのも大変…。スキンケアはメリハリも大事なので、時短アイテムも賢く取り入れます。常備しているのは〝塗って寝るだけ〟のナイトマスクと〝広げて貼るだけ〟のシートマスク。このふたつは欠かせません。

寝ている間やケアの隙間を効率良く使って

1.「この3つのナイトマスクはお手入れの最後に厚めに塗って寝るだけ。翌朝顔を洗うと肌がもちもちに復活。確かな保湿効果を実感できます」シスレー ブラックローズ クリーム マスク 60㎖ ¥15,000 2.SUQQU モイスチャー リッチ マスク 70g ¥6,500 3.fresh BLACK TEA FIRMING OVERNIGHT MASK／日本未発売 4.「シートマスクは、お風呂から上がった瞬間からスキンケアに取りかかるまで。ほんの1分くらいの隙間に使います。ブランドを気にせず、ドラッグストアなどで見つける度に大量に買ってストックしています」

90%
[ヨンアスキン]

and more...

あれ？ とトラブルの予感がしたらすぐ行動！

敏感に傾いたときは…

「花粉による肌あれに悩んでいたときに出合ったのがキュレル。コスメに詳しい編集の方に教えてもらい、すぐに買いに走りました。使ったその日から嘘のように赤みが引き、感動。今では家族で愛用しています。イハダも同じく肌が敏感になったときに」【写真左】左／資生堂薬品 イハダ プリスクリードD［第2類医薬品］14㎖ ¥1,800 右／同 プリスクリードAA［第2類医薬品］30g ¥4,500 【写真下】左／花王 キュレル 潤浸保湿フェイスクリーム 40g ¥2,300 中／同 乳液 120㎖ ¥1,800 右／同 化粧水Ⅱ 150㎖ ¥1,800［全て医薬部外品］（価格は編集部調べ）

for poreless skin

毛穴が気になるときは…

「毛穴対策で取り入れているのはピーリング。クリニックで行う強いものは肌の刺激になりそうなので、私はもっぱら家でできる手軽で肌への刺激が少ないものを使います」左／「韓国でヒット中のお手軽ピーリング。たっぷり液を含んだ巨大綿棒を肌に優しく滑らせるだけでつるつるに！ 1回ずつ使い切りだから清潔で安心」Rapidex／日本未発売　右／「刺激がなく毎日使える肌への優しさ」タカミ タカミスキンピール 30㎖ ¥4,584

I need
whitening
care

紫外線を浴びたときは…

「昔は興味がなかった美白ケアも、今はその大切さがわかります。白くするというよりくすみや未来のシミの予防のために。リゾートやロケで太陽をたくさん浴びたなぁというときに使います」左／「"28日の短期集中ケア"は「お手入れしてるぞ」とテンションが上がる」マックス ファクター SK-Ⅱ ホワイトニング スポッツ スペシャリスト コンセントレート[医薬部外品] 0.5g×28個 ¥16,000（編集部調べ）右／「乾燥しやすいイメージの美白も、これは保湿効果バッチリ！」コスメデコルテ フューチャーサイエンス ホワイト クリーム ニュートリション[医薬部外品] 40g ¥6,000

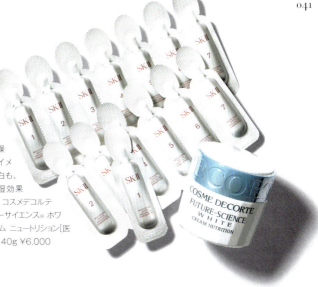

ゴワつきを感じたときは…

「肌がゴワついているなと感じたらスクラブ！ 古い余分な角質を取り去ることで、毎日のケアの浸透力もアップ。ただしやりすぎないように、ピーリングと交互に、週1回を目安にしています」左／「スクラブを感じさせない優しくなめらかな肌当たり」ヘレナ ルビンスタイン ピュアリチュアル ブラック ピール スクラブ 100ml ¥9,000 右／「みずみずしいジェルとおいしそうな香りは、使うのが楽しみになる！」RMK ジェルスクラブ 100g ¥3,200

ニキビができたときは…

「ごくたまにできるニキビ。てきそうな予感がしたらすぐにケア。痕が残らないように、自分ではなるべく触らず、皮膚科で処方されたお薬やシートタイプをよく使います。シートタイプのニキビ薬、韓国ではメジャーなんですよ」左／「信頼しているかかりつけの皮膚科で購入。ニキビ痕にも◎」ロート製薬 DRX AZAクリア 15g ¥1,800 中／「日本で買うならこれ」小林製薬 びふナイトパッチ[医薬部外品] 16枚入り ¥400（編集部調べ）右／「韓国で買っているニキビ用のシートタイプの薬」／日本未発売

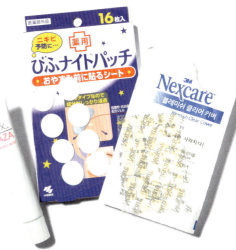

90%
[ヨンアスキン]

Special!!!
最新ビューティギアで効率良く〝肌トレ〟!

1台で5役。
高機能美顔器

「今まではエステサロンでしかできなかった本格ケアが自宅で手軽にできるのがこれ。フェースラインがキュッと上がる!」。LED、エレクトロポーション、メソポレーション、EMS、高周波。お肌に重要な5つの機能が1台に。ジェイ・ビー・マシナリー Priere ¥98,000

全身に使える
元祖コロコロローラー

「首や肩などの上半身から、太ももやひざといった下半身まで全身に使用」。プロの手技である〝ニーディング〟を再現する独特の形状で、高いマッサージ効果を実現。MTG リファカラット ¥23,800

発売以来、ずっと愛用。
気持ちいいから続けられる

「発売された当初から使って既に5年以上!? 吹きかけるだけの手軽さでとにかく気持ちいいから続けられます」。炭酸の血行促進効果を全身すみずみまで届ける。MTG プロージョン 炭酸ミストフェイスセット ¥47,500

043

ながらケアできる
首専用美顔器

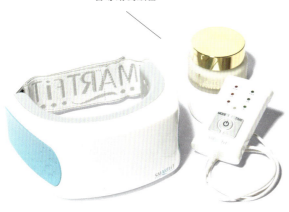

「韓国で買った首のシワ改善用美顔器は予防で使っています。両手があくので、本を読んだりしながらケアできるのが楽チン。専用のクリームもあるんです」。SMARTfiT／日本未発売

美肌な先輩たちが
高い割合で使っている!

「周りの肌のキレイな先輩たちが使っていて気になって購入」。クレイオイルセラピーをベースにしたマスクと肌活性を促進する専用機器で、肌表面と深部からのハリとツヤを実現。MTG MDNA SKIN リジュビネーターセット ¥58,000

温冷ケアで
目元すっきりリフトアップ

「目元やフェースラインをコロコロ。リビングに置いて、気づいたときにながらケアしています」。純度99.9%以上のテラタイト鉱石の美波動が肌を細胞レベルで活性化。スプレンダー ISO テラローラー アイ ¥12,000

☑ こんなのもあるんです!

「韓国では多くの女性がもっている、コスメ専用の冷蔵庫。コスメに最適な12〜18℃に温度を保ってくれるんです」。コスメ冷蔵庫／日本未発売

90%

044　　[ヨンアスキン]

[ヨンアボディ]

TELL ME
HOW TO BODY CARE

モデルの仕事を始めた10代の頃は、痩せすぎていたことでなかなか仕事が決まらず、太れないことに悩んでいたことも。でも年齢とともに食べたら食べた分だけ太るようになった今は、体のラインに気をつけるようになりました。特に後ろ姿に年齢が出ると思うので、毎日のケアにも一層気合いが入ります。
夜9時頃、お風呂の後の体重測定と全身鏡でのボディチェックをしたら、ボディクリームでの保湿とマッサージ。体も顔と同じで超乾燥肌なので、これだけは欠かしません。そしてさらに理想のボディに近づくために、2年程前からはパーソナルトレーニングも開始。運動を始めてからは、体のラインだけではなく、ずっと悩まされていた肩コリや冷えが解消。うれしい変化の連続に、ついに苦手だった運動も克服しつつあります。
大好きな洋服をいつまでもカッコよく着こなすために…。好きな人にいつまでも触れたいと思ってもらえるように…。

90%
［ヨンアボディ］

Moisture

導入→保湿の2ステップでツヤハリボディに

1.

体も極度の乾燥肌の私は、ボディケアも保湿重視。ただ、よりシンプルな2ステップにすることで、眠い日も疲れている日も、とにかく毎日続けやすいように工夫しています。ボディケアというとクリームが基本ですが、私はその前にボディ用美容液をプラスするのがお気に入り。乾いた肌にいきなり濃厚なクリームを塗るより、みずみずしい美容液で1度肌を湿らせて、潤いの土台を作ってあげてからの方が、クリームの浸透力も、保湿効果自体もアップする気がします。まさに、スキンケアのブースター美容液と同じ感覚。重ねるクリームは、しっかり保湿したいときとマッサージしたいときとでふたつを使い分け。毎日頑張りすぎるのも疲れちゃう。お手入れにメリハリをつけることも、ボディケアを長く続けるポイントです。

1.「海外では昔からクリニックでも扱っているという、信頼の低刺激保湿クリーム。今までは海外のドラッグストアなどで買っていたけれど、最近日本でも買えるようになってうれしい。お得な大容量タイプを使います」ガルデルマ セタフィル® モイスチャライジングクリーム 566g ¥3,200
2.「なじませた後の肌は、ベルベットのようにしっとりなめらかに。保湿+αのリフティングの効果もあるんです」クラランス エクストラファーミング ボディ クリーム N 200g ¥8,000
3.「お風呂上がりいちばん最初につけるボディ用美容液。これでまず潤いの土台を作っておくと、クリームの浸透力がアップ。パウダリーな香りも好き」クラランス セラム コール ボー ヌーヴ プリュス 200ml ¥9,500

テクスチャーも香りも良くて、効果も! ずっと飽きずに使っています

048 　**90%**
　[ヨンアボディ]

Process
ボディ用美容液からボディクリームまでの全プロセス

CLARINS
>>P.47

まずはボディ用美容液を全身に塗ります

お風呂上がり、肌が乾き切らないうちに急いで美容液を塗ります。爪先から、お尻、おなか、バストや肩まで…と、とにかく全身。クラランスの美容液は、ローションに近いみずみずしいミルクで滑るようにのびてくれます。この美容液の一手間で、次のクリームのなじみがグッと良く。あるとないとでは、全く違います。

CLARINS
>>P.47

Cetaphil
>>P.46

肌が程よく湿ったら、保湿クリームをたっぷりと

美容液でいったん軽く保湿をしてしまえば、乾燥を気にすることなくゆっくりクリームを塗れます。クリームは気分で使い分けます。保湿メインならセタフィル、マッサージをしっかりやりたいときはクラランスをチョイスします。

マッサージの
スタートは脚から

マッサージは基本的に脚からスタート。〝下から上に〟〝イタ気持ちいい強さ〟を意識するくらいで、難しいルールは特にありません。私は正しいやり方どうこうより、自分の負担になりすぎず、毎日続けられることが大切だと思います。

まっすぐな理想の脚を
イメージしながら

むくみや冷えなど、女性の悩みに関するツボが密集する足首周りは念入りに。ふくらはぎや太ももは、筋肉をほぐすように骨に沿ってマッサージします。指が肌にしっかりと食い込むくらいの力加減で。さらに内ももは、セルライトをギュッとつぶすように、強めにしっかりマッサージ。このときはなりたい理想の脚をイメージすると、モチベーションも上がります。

90%
[ヨンアボディ]

お尻、おなか、わき腹、バストもしっかりと

脚の次は、お尻、おなかへ。どちらもセルライトや脂肪がつきやすい部分なので、下から上へ引き上げるようにしっかりマッサージ。バストもサイドから中央へ寄せつつ下から上へと意識しながら。肌の刺激にならないように、指滑りが悪くなった時点でクリームをつけ足します。

腕は二の腕を重点的に

最後は腕から肩周りにかけてをマッサージ。まず腕は、特に脂肪がつきやすい二の腕を重点的に。こうして毎日しっかり自分の体を触ることで、ちょっとした変化にも気づけるようになるんです。

わきはもみほぐすように
リンパを流す

冷えやコリで滞りやすいわきのリンパ節は、手のひら全体を使って、もみほぐすようにマッサージ。これがクセになるイタ気持ち良さなんです。丁寧にマッサージしていると、肩から顔にかけてすぐにポカポカ、巡りが良くなるのを感じます。

仕上げは
首から肩にかけて

最後は首から肩にかけてマッサージ。ここもしっかりほぐして、肩が軽くなればOK！ マッサージ全体にかかる時間を計ってみたら、意外に長くて15分でした。続けることが大事なので、5分でも10分でも、無理のない範囲でいいと思います。

ヨンアの動くボディケア
プロセスが見られる！
動画をチェック↓

90%
［ヨンアボディ］

and more...

目的に合わせたアイテムでさらに美ボディ

ドレスアップで肌見せ服を着るときに…

「パーティなどで肌見せ服を着るときは、ちゃんと肌もそれにふさわしくドレスアップします。パーツモデルさんも愛用しているというパイヨのボディクリームは、本物のツヤに見える微粒子パールで、わざとらしさや子供っぽさがいっさいありません。脚なら塗るだけでまるでストッキングをはいているかのような美脚効果が。私はいつもネットで購入しています」パイヨ エマルジョンミネラル リバイビングジェネレイティングミルク／日本未発売

for cellulite care

にっくきセルライト予防に…

「スリミング系のアイテムは、週3回ジムで運動した後に使います。シャワーを浴びた後、太ももや二の腕などセルライトが気になる部分に。そのまま髪を乾かすと、その間に浸透してくれます」左／「何本もリピート中。クールな感触も気持ちいい」クラランス トータル リフトマンスール EX 200g ¥7,000　右／「ローションみたいにサラッとしているので、夏やシャワーの直後にも快適に使える。ほのかなグレープフルーツの香りもいい」資生堂 イニシオ ボディークリエイターEX 200ml ¥4,500

053

女らしいバスト&デコルテのために…

「バストケアは下着撮影の前に。1か月間集中して行うとハリやボリューム感が全然違います!」左/「触るだけでその良さがわかる極上のテクスチャー。一生続けたい」ゲラン オーキデ アンペリアル ザ ネック&デコルテ クリーム 75㎖ ¥46,000 右/「クラランスのボディものはやっぱり優秀。柔らかいミルクでマッサージにも最適」クラランス レ ビュスト エパヌイッサン 50g ¥7,000

触りたくなるつるスベ肌のために…

「顔と同様にボディも週1回のペースでスクラブを。スクラブが大好きで、香りや粒子にはかなりこだわっています」左/「ほかにはない驚く程繊細な粒子で、肌がつるスベに」ザ・ペニンシュラ スパ インヴィゴレイティング ボディ リバイバー 200㎖ ¥6,500 右上/「スクラブの粒がしっかりしているので、主にお尻に」。下鳥養蜂園 女王乳塩 α+プレミアム 600g ¥6,000 右下/「サボンは香りが最高。全種類集めています」サボン ボディスクラブ L ラベンダーアップル 600g ¥5,500

I scrub once a week

Special!!!

お風呂は美ボディ作りに欠かせない至福の時間

01
SUISO SEIKATSU

驚きの発汗作用で
冬に大活躍

02
SHIGETA

香りに癒され、
後肌もしっとりツヤツヤ

03
AVEDA

大きく深呼吸したくなる
極上アロマの香り

04
SABON

甘い香りは
疲れた日のご褒美に

「お肌はもちろんのこと、体のためにも1年通してお風呂にしっかりつかります。You Tubeを観たり、音楽を聴いていると時間がたつのはあっという間。さらに気分で入浴剤をチョイスして、ルーティーンになりがちなお風呂時間も贅沢に楽しみます」 01.「これを入れると、普段かかない汗が驚く程出る！」水素生活 水素バス 1袋 ¥330（専用ケース¥700） 02.「甘すぎず少しスパイシーなローズの香りはありそうでない」シゲタ ローズダイブ バスソルト 285g ¥2,500 03.「この香りが大好き！ボディクリームもセットで愛用しています」アウェダ ストレスフィックスシリーズ ラベンダー バスソルト 454g ¥5,200 04.「可憐な花びら入りは、女子力を上げたいときに♡」サボン バスソルト バニラ 250㎖ ¥2,500

[ヨンアヘア]

TELL ME
HOW TO HAIR CARE

昔は硬くて多いのが好きではなかった自分の髪。でも日本でモデルを始めて、ヘアメークさんに褒めていただくことが増えたら、少しずつ自信がついて、今ではチャームポイントだと思えるように。
洋服を着て全身を見るとわかるのですが、おしゃれをする上でヘアはとっても大事。バッグや靴と同じように、女性にとって欠かせないアクセサリーの一部だと思います。
それを強く実感したのが、2014年の冬。子供の頃からのロングを初めてボブに切ったとき。前日は眠れないくらい緊張していたのに、切った後は生まれ変わったように、髪も気持ちも軽くなった―。着たい服やしたいメークまで変わって、改めて髪の持つ〝パワー〟に驚いたのを今でも鮮明に覚えています。
でもスタイルと同時に大切なのが、ツヤやボリュームなどの髪質。どんな素敵なヘアスタイルも髪の毛自体がパサついていたり、ペタンとしていたら台無し。
今だけじゃなく、5年後、10年後も女性らしいリッチな髪でいたいから…。

[ヨンアヘア]

90%

In bath

リッチな香りとテクスチャーに癒されながらケア

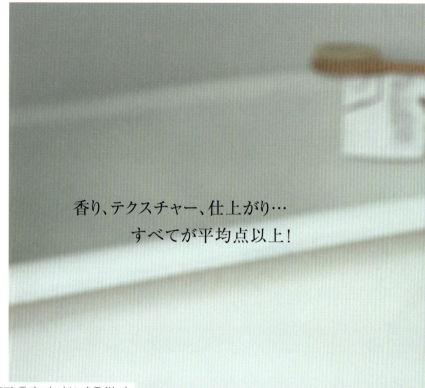

香り、テクスチャー、仕上がり…
すべてが平均点以上!

シャンプーやコンディショナーといったデイリーケアは、香りやテクスチャーも楽しみたいから、季節や気分で定期的に替えるタイプ。いろいろ使う中でも、自然と出番が多くなるのが、定番のケラスターゼです。どんなに髪にいいといわれていても、使い心地や香りが良くなければ、お手入れのモチベーションが上がらない…。その点ケラスターゼは、どのシリーズも香り、洗い心地、仕上がりのすべてが必ず平均点以上なんです。今特にハマっているのが、〝セラピュート〟シリーズ。ハイダメージにアプローチする最新テクノロジーで、傷みで乾燥しやすい私の髪も、しっとり艶やかに。洗っている瞬間から、髪が柔らかくなるのを実感して、シャンプータイムが楽しくなります。

「深刻なダメージにアプローチする最新の〝セラピュート〟シリーズは、ヘンに重くならずに毛先までしっとり。ツヤ感も申し分なしです。3ステップというのもお手入れ好きにはたまりません」 1.「シャンプー前に使う毛先用トリートメント」ケラスターゼ RE ソワン セラピュート 200g ¥3,400 2.「抜群の泡立ちのジェルシャンプー」同 バン セラピュート 250㎖ ¥3,200 3.「仕上げに使う濃厚トリートメント」同 マスク セラピュート 200g ¥5,800

out bath

90%
[ヨンアヘア]

頭皮と毛先は悩みに合わせたそれぞれのケアを

1.「ドライヤーで乾かす前に塗って頭皮をマッサージ。ハーブの香りもスーッと頭が軽くなる爽快感も病みつきになる!」ツイギー ユメドリーミング エピキュリアン ヘアトニック 150㎖ ¥8,000
2.「これは主に毛先に。オイルなのにベタつかず、サラツヤに。香りも大好きすぎて、鼻に直接つけたこともある程」モロッカンオイル モロッカンオイル トリートメント 100㎖ ¥4,300

大人になって実感した
健やかな頭皮の大切さ

アウトバスケアといえば、主に髪の乾燥を防ぐモロッカンオイルがスタメンでしたが、この数年で新たに頭皮ケアも定番入りしました。きっかけは肌にアレルギーが出たこと。頭皮も乾燥によるトラブルが起きるようになってしまったんです。それまでは髪の表面的な部分にしか意識が向いていませんでしたが、改めて髪の美しさは土台となる頭皮の健康あってこそ、と気づきました。ひと括りにされがちですが、確かに頭皮と髪は全く別。髪にいいものが頭皮にいいとは限らないし、逆に頭皮にいいものが髪にいいとは限らない。だから今はそれぞれに合わせたアイテムを使ってそれぞれにケア。続ける程、髪が本来の健康を取り戻しているのを実感しています。

062 [ヨンアヘア] **90%**

Special!!!

目的に合ったケアで効率的に美髪を育む

01
EPICUREAN
YUMEDREAMING

週1回のディープ
クレンジングに

02
SHISEIDO

頭皮、髪だって
今からエイジング予防

03
uka

カラーのツヤともちを
良くする専用シャンプー

「デイリーに使うスタメンアイテム以外にも、頭皮の状態や髪の発毛周期に合わせてケアはいろいろアレンジ。特にこの3つは、体調や環境に左右されず、常にツヤサラヘアをキープするのに欠かせないアイテムです」 **01.**「頭皮も大好きなクレイでディープクレンジング。頭丸ごとデトックスされたような爽快感は、クセになります」ツイギー ユメドリーミング エピキュリアン ヘアクレンジングクレイ 280㎖ ¥6,000 **02.**「ハリ、コシ、白髪…etc.といった髪のエイジングの総合的な予防に。周りの美の先輩たちがこぞって愛用している信頼の1品。根元からふわっと立ち上がる髪に」資生堂プロフェッショナル ザ・ヘアケア アデノバイタル スカルプエッセンスV［医薬部外品］180㎖ ¥6,000 **03.**「カラー後1週間はこれ。直後のキレイな発色とツヤが定着して、長時間持続します」uka ワンウィークシャンプー フォーカラーヘア 80㎖ ¥1,200

063

90%
[ヨンアヘア]

My rules
ヨンアがヘアスタイルでこだわっている3つのこと

01

小顔に見えるボリューム感はマスト

私にとってヘアは、アクセサリーの一部。だからヘアスタイルも、全身バランスで見ています。小顔効果を狙うためにも、もとの髪質を生かすためにも、ボリュームは絶対！ 特にサイドとトップのボリュームはスタイリングでも必ず意識します。

02

リッチで女らしいツヤ感

どんな素敵なヘアスタイルもその髪自体にツヤがなかったら台無し。だから私は、ロングでもボブでも長さに関わらず重めスタイルが基本。その方が髪本来のツヤが生きて、リッチで女らしく見えるんです。

03

カラーには遊び心とトレンドを少し

スタイルはブレずに重めキープですが、カラーはその逆。そのときの気分やトレンドに合わせてアップデート。最近なら髪の内側に大胆なハイライトカラーを。でも赤も気になる今日この頃…。そう、カラーだけは、ちょっぴり遊ぶのがこだわりです。

☑ カット

ベースは、肩に少しつくくらいのボブ。顔周り5cmに入れたレイヤーと毛先に入れた段で、表面に動きが出るように。前髪は眉が隠れるくらいの長さでサイドをラウンドさせて、目元を締めるのがポイント。

Hair Recipe

☑ カラー

ベースは7トーンのニュートラルなブラウン。耳下から襟足にかけてのみ部分的にさらに明るい10トーンにブリーチします。あえて内側だけに"インナーカラー"を入れることで、巻いたり動いたりしたとき、より立体感のある髪に。

HAIR DATA			
量	多 —————o————— 少
太さ	太 —————o————— 細
硬さ	硬 —————o————— 柔
くせ	有 —————o————— 無

90%
[ヨンアヘア]

Styling

優秀アイテム&ツールを味方につけてメリハリ小顔ヘア

仕事ではプロのヘアメークさんにキレイに巻いてもらいますが、自分ではなかなか上手にできないもの…。だからプライベートの自分スタイリングは、パパッと5分でできる、シンプルなニュアンスボブが定番です。撮影中に見たり教えてもらった貴重なワザやアドバイスは、忘れないうちに即実践。私の髪質や頭の形を生かすには、ボリュームを出す所と抑える所を明確にして、シルエットにメリハリを効かせることがポイントなんです。それでも足りないテクニックの分は、これまたヘアメークさんに教えてもらった優秀ツールたちでカバー。ヘアが決まると、メークもファッションもさらに素敵に見えるから、やっぱりおしゃれのためには外せません。

1.「髪をとかしながらマッサージ効果も期待できる、万能ブラシ」アヴェダ パドルブラシ ¥2,800 2.「ループ状になったワイヤーブラシは初体験の心地よさ！ 頭皮マッサージに使います」。W and P アッカ カッパ プロテクションスカルプ 946 ¥4,800 3.「今っぽいラフな質感とボリュームを作ってくれる」スタイラ ジョンマスターオーガニック シーミストSスプレー 266㎖ ¥2,860 4.「スタイリングの前のベースに使うミネラルイオン活性水。髪がサラサラになるし、顔にも使えるんです」バン インターナショナル バン イオンローション 400㎖ ¥4,000 5.「プロのサロンでも使われています。パワフルな風量と髪への優しさが両立」キャン ソリス イオンテクノロジー 315 ホワイト ¥23,500 6.「マイナスイオンを発生するトルマリン配合のセラミックで、髪がツヤツヤサラサラに！」T3 ヘアアイロン／日本未発売

どれひとつ欠けても困る
ヘビロテアイテムたち

Process

[90% ヨンアヘア]

素髪からニュアンスボブヘアまでの全プロセス

トップにジョン
マスターのシーミストを

ボリュームを出したいトップに、スタイリング剤をかけます。ジョンマスターのシーミストは、その名のとおり海に入った後のようなドライな質感とボリューム感を再現してくれるスグレもの。周りのヘアメークさんの愛用率も高いんです。

john masters
organics
>>P.66

Solis
>>P.67

ドライヤーの熱で
ボリュームをキープ

スタイリング剤をつけたら、手で軽くトップの毛を持ち上げながらドライヤーの風を当てます。こうして、ふんわりとした根元の立ち上がりをしっかり固定させます。

ヘアアイロンを
髪表面に滑らせます

本当はブラシとドライヤーを使ってしっかりブローするのがベストだけれど、自分では難しい…。だから私はブロー代わりにストレートアイロンを使って、くせを直しながらツヤを出します。内側の髪から全部やるのは大変なので、主には目立ちやすい表面だけ。でもそれだけで、きちんとしたキレイな髪の印象になるんです。少しずつ毛束を取ったら、根元から下に向かってアイロンを滑らせるように。最後に毛先は、手首を軽く内側に返して内巻きにするのがポイントです。

T3
>>P.67

サイドは内側を大きく
巻いてボリュームを出します

トップともう1か所ボリュームを出したいのがサイド。仲良しのヘアメークさん曰くこの2か所の程よいボリュームが、私のヘアスタイルの二大ポイントなんだって。サイドは、もみあげ近辺の内側の毛束を取り、毛先のときと同じように手首を内側に返しながら大きく内巻きに。こうするとサイドに自然なボリュームが出て、Aラインの美シルエットが完成です。

90%
[ヨンアヘア]

トレードマークの
前髪もしっかり巻きます

続いて前髪も。根元から毛先までゆっくり手首を返すようにしてほんのり内巻きに。最初の根元は少しもち上げるようにするとふんわりまぁるくキレイなシルエットに。このとき前髪の両サイドは少し残しておくのがポイントです。

鏡で確認しながら
慎重に前髪を微調整

ちょっとした角度やアイロンを滑らせる速度で、全く印象が変わるのが前髪。なのでサイドの髪のようにラフではなく、ここは少し慎重に。1回で完成させようとせず、鏡で確認しながら手グシでなじませつつ、丁寧に微調整します。

前髪とサイドを
自然につなげます

前髪からサイドにかけてのフェースライン部分を整えます。巻かずに残しておいた前髪の端をアイロンで挟み、さっきの前髪とは逆で、押さえつけるようにつぶしながら、斜め下に滑らせます。もちろん軽く手首は返しながら。こうすると前髪とサイドが自然につながって、小顔効果もおしゃれ度もアップ。厚め前髪も子供っぽく見えません。

トップにさらに
ボリュームを出して
おしゃれ感をひと盛り

仕上げはトップ。ベースで作ったボリュームにさらにメリハリをつけます。頭のてっぺんの毛束を取ったら、根元を真上に立ち上げるようにアイロンを数回滑らせて。ここに高さが出ると、外国人風の立体感が生まれます。でも欲張ってやりすぎると、今度はサイドのハチが張って見えるから注意。ピンポイントにちょこっとがポイントです。

ヨンアの動くスタイリングプロセスが見られる！

動画をチェック↓

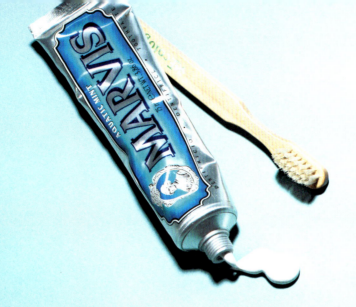

[ヨンアパーツ]

TELL ME
HOW TO PARTS CARE

自分しか気づかないような細部や、普段人に見られない部分──。そこはその人の〝本物〟の美意識が表れる場所だと思います。見える部分をキレイに着飾ったりメークをすることは、比較的誰でも簡単にできること。でも見えない部分までキレイにすることは、高い意識とたくさんの努力が必要。だから私は、そういう所こそキレイにしていたいと思います。手元ならネイルを落としたときもキレイにいられるように、甘皮まで完璧にケアしたいし、口元なら歯の美しさとともに、毎日元気にごはんを食べるために歯を健康に保つことも大事。たとえ美容以外でもそれは同じです。素敵なピンヒールの靴は、こまめにメンテナンスして丁寧に履くし、バッグなら雑に扱わないのはもちろん、バッグの中身にまでこだわって、ポーチを使ってちゃんと整頓するように心がけています。

90%
[ヨンアパーツ]

hand

おうち用、外出用…etc.ハンドクリームを使い分けて24時間保湿

ハンドケアのメインは、ハンドクリーム。使う場所やテクスチャー、香りによって数種類を使い分けしています。パーツの中でも手元は、常に自分の目に入る部分。キレイで気持ち良くいたいから、3週間に1度はサロンでプロの手を借りてケア。自分では難しい甘皮の処理まで丁寧にお手入れしてもらいます。

1.「運転するときの日焼け防止に。BBクリーム効果で手もキレイに見せてくれるんです」uka BBcハンドクリーム［SPF32・PA+++］60g ¥4,000　2.「無香料・無着色で潤いのヴェールが長もち。自宅に置いて使っています」ジョンソン・エンド・ジョンソン ニュートロジーナ® ノルウェーフォーミュラ ハンドクリーム（無香料）56g ¥650（編集部調べ）　3.「日本に来て以来10年以上使ってます。保湿効果が高いから冬の定番！」ロクシタンジャポン シア ハンドクリーム 30mℓ ¥1,100

1.　2.　3.

lip

スクラブ、美容液、クリームでくすみのないぷるぷるリップに

リップクリームもハンドクリームと同じで、つい買い集めちゃうもののひとつ。最近は専用のスクラブや美容液があったり、アイテムの種類も豊富。スキンケアの陰に隠れてつい後回しにされがちですが、丁寧にケアするとケアした分だけキレイになるのが唇。それを楽しみに毎日ケアしています。

1.「香りが◎」サンマリーノコレクション ローズバットパフューム モカローズリップバーム ¥1,400 2.「チューブが使いやすい」同 ローズバットパフューム ローズバットバームチューブ ¥1,200 3.「寝る直前に」ユニリーバ ヴァセリン オリジナルピュアスキンジェリー 40g ¥276(編集部調べ) 4.「メーク前に」fresh シュガーリップセラムアドバンスセラピー/日本未発売 5.「週1で使用」スパークリングビューティー サラハップ リップスクラブ ブラウンシュガー 30g ¥3,600

1.　　　　2.　　　　3.　　　　4.　　　　5.

[ヨンアパーツ]

90%

eyelash

まつげは〝何もしない〟。そのまんまのナチュラルがこだわり

メークさんにもよく「まつげ長いね」と褒めていただくのですが、何もしていないんです。育毛効果の美容液もなんだか怖くて使えない。あえて何もしないのがいいのかもしれません。唯一しているのは、スキンケアでも紹介したポイントクレンジング。丁寧にメークを落とすことだけは毎日欠かしません。

teeth

美と健康を両立させて清潔感のある口元に

美しさの条件とは? と聞かれたら…、肌の次に答えるのは歯。そのくらい私にとって口元の美しさは大切。子供の頃から「歯を大切にしなさい」と両親に言われて育ったからだと思います。自宅でのケアに加え、月1回は必ず歯医者さんへ。健診とクリーニングをして、歯の健康を保っています。

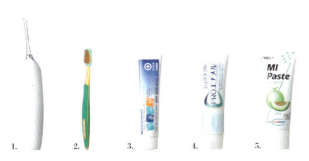

1.「歯間をキレイにするウォーターピック」フィリップス ソニッケアー エアーフロス ウルトラ ¥19,800(編集部調べ) 2.「柔らかいブラシで、歯にも歯茎にも優しい」／日本未発売 3.「プロポリス入りで使う程歯茎が健康になる韓国の歯磨き粉」／日本未発売 4.「つるつるの歯に」グラクソ・スミスクライン シュミテクトPROエナメル® やさしくホワイトニングエナメルケア[医薬部外品] 90g ¥598(編集部調べ) 5.「歯磨き後はこれでフッ素コーティング」ジーシー MIペースト メロン 40g ¥1,574(編集部調べ)

キレイになるのは誰のため？ それは自分のため。
自分を大切にすることで、大切にされる人になる。

美しい肌、しなやかなボディ、まっすぐな脚…
具体的にイメージしてケアをするか、しないか。
少しの差も365日繰り返せば、それは大きな差。

毎日コツコツ。
ときに休んで、またコツコツ。
繰り返しが習慣になったとき、
その努力は自信に変わる。

悩みも増えたけれど、楽しみも増えた。
「今度の化粧品はどうかな？」
「これで明日の朝の肌はどう変わるかな？？」
このワクワク感は、
大人にだけ許された、最高の楽しみ。

どんなにキレイでも
自然じゃないものには憧れない。
目標は笑いジワがかわいい人。

086

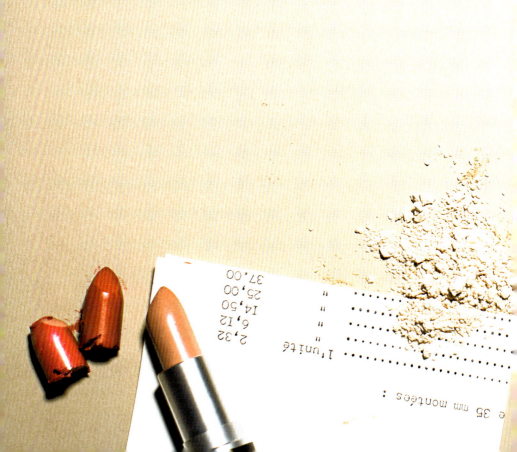

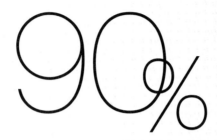

[ヨンアメーク]

TELL ME
HOW TO MAKE-UP

休日は肌を休ませるためにすっぴんで過ごすこともありますが、シーンや気分で自分メークも楽しみます。私はきっと根っからのメーク好き。コスメショップのテスターコーナーに何時間でもいられるし、新色も毎回欠かさずチェック。もっているコスメも数え切れない程だし、雑誌や海外のコレクションを見て、最新のメークを研究するのもシーズンごとの楽しみのひとつです。といっても普段のメークは、上品ナチュラルが基本。ただし、パーティやお出かけするときは、ファッションに合わせて、派手な色やトレンドメークも取り入れて、いつもと違う自分を思いっきり楽しみます。
今回のこのメークページはプライベートを完全再現。100%自分メークに挑戦しました。流行とは関係ない、10年後もきっと変わらないであろう私流の究極のナチュラルメークです。

90%
[ヨンアメーク]

My rules

ヨンアが自分メークで大切にしている3つのこと

01

肌は薄づきでツヤっぽさはマスト

メークで肌作りは本当に大事。それは、アイメークやリップメークよりも。
ナチュラルなツヤ肌は、流行も年齢も肌色も問わず女性をキレイに見せてくれる。
だから肌作りがうまくできれば、私のメークの6割は完成したようなもの!

02

ぼかしてなじませてナチュラルに見せる

普段の自分メークは、メークしてます感が出るのがいちばんイヤ。だから
アイシャドウもチークもリップも…etc.塗ったら必ずぼかして肌になじませます。
理想は〝何もしていないのにキレイ〟みたいな、究極のナチュラルメーク。

03

トレンドはポイントメークで取り入れる

肌作りやその延長にあるチークは冒険しないけれど、目元と口元は別。
この2か所には流行が表れるので、トレンドカラーを積極的に取り入れます。
アクセサリー感覚で、ファッションやその日の気分に合わせて楽しむのがヨンア流。

90%
[ヨンアメーク]

Base Make-up

コンシーラーを主役にすっぴん風のナチュラルツヤ肌

普段のナチュラルメークでいちばんこだわっているのが肌。私の理想とする〝薄づき感〟や〝ツヤ感〟をかなえてくれるアイテムや方法を、ずっと探してきました。そしていろんな試行錯誤の末、たどり着いたのが今のベースメークです。この肌作りのカギを握るのは、コンシーラーとクッションファンデーション。このふたつに出合ったときは、感動ものでした。コンシーラーは肌のくすみを的確にカバーしながらも、なじませた後は何ものせていないかのような自然な仕上がり。もうひとつのクッションファンデーションは、いわゆるファンデーションのように肌色をカバーするのではなく、肌の質感をツヤっぽく整えてくれる新感覚ファンデーション。このふたつはなかったら困る。本当に手放せません!

1.
2.
3.

1.「ものによっては肌あれを起こしてしまう日焼け止め。でもこのキールズは、肌に優しいんです」キールズ DS UVディフェンス[SPF50・PA++++] 30㎖ ¥3,800 2.「これはすごく薄づき。塗ってないみたいに見えるのにしっかり毛穴をカバーしてくれます。保湿成分も入っているらしく、乾燥もしない」パルファム ジバンシイ ミスター・スムーズ 30㎖ ¥3,800 3.「これはもうないと生きていけない。色味、のび、もち、肌なじみ…すべてがパーフェクト!」フランシラ&フランツ ナチュラルRコンシーラー ¥7,000 4.「スポンジは使い捨てできる安めのが便利」ロージーローザ バリュースポンジN ウェッジ型タイプ 30個入り ¥400 5.「これもないと困る! 透明感たっぷりのフレッシュなツヤ肌に」アモーレパシフィックジャパン アイオペ エアクッションXP C23J [SPF50+・PA+++] ¥3,000 6.「このパウダーはクッションファンデーションとの相性が抜群」クリニーク ステイ マット シアー プレスト パウダー101 ¥3,500 7.「パウダーはできるだけ薄くつけたいから、こんな大きめブラシを使います」資生堂 シュエトゥールズ フェースカラーブラシ(L) ¥4,000

ナチュツヤ肌に欠かせない
スタメン7アイテムはこれ

90%
[ヨンアメーク]

Process
下地からフィニッシュパウダーまでの全プロセス

UVクリームは
365日毎日必ず

ベースメークのスタートはUVクリームを塗ることから。雨の日も曇りの日も、もちろん冬も、毎日欠かしません。キールズは、SPF値が高いのに肌に優しくて、しかも白くならないから好き。顔全体から首までしっかりと。

KIEHL'S
>>P.90

日焼けしやすい
目元周りはさらに重ね塗り

こめかみから頬骨、Tゾーンなど、顔の中でも高くなった目元周りの部分は焼けやすいから、UVクリームを重ね塗りします。将来のお肌のために日焼けは絶対にダメだから、面倒くさがらず丁寧にね。

凹凸カバー下地で
毛穴をカバー

ジバンシイの下地を毛穴が気になる部分に塗ります。まずは小鼻のわき。少量をとってクルクルと円を描くようになじませると、本当に毛穴の黒ずみや凹凸が消えるからすごい！ 肌表面もサラサラつるんとなるので、この後のコンシーラーやファンデーションも厚塗りしなくてすむんです。

GIVENCHY
>>P.90

あご、眉の間にも
薄く塗ります

指に残った分は、あご先と眉と眉の間にも塗ります。小鼻と同じく、ザラついて見えやすいこの2か所を専用下地でカバーしておくと、肌全体がつるんとキレイに見えるんです。時間がたったときにもテカリにくくなる気がします。

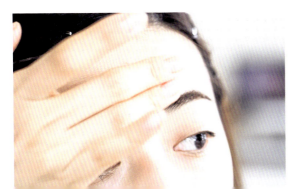

90%
[ヨンアメーク]

コンシーラーで
色ムラをカバーします

続いては、私の肌作りのメインともいえるコンシーラー。2色は役割が違うのでしっかり使い分けます。くすみやくまをカバーしてくれる右のオレンジは、主に目の下に。肌に明るさを与えてくれる左のベージュは、そのオレンジに重ねるように目の下に幅広く。セットのブラシを使って、それぞれ写真のように3本線を描くくらいの量が適量です。

Frantsila
&Frants
>>P.90

小鼻にも軽くのせて
赤みをカバーします

赤みが出やすい小鼻にも右のオレンジのコンシーラーをサラッと。ここが明るくなると、肌が洗練されて見えます。セットのブラシは幅や固さが計算されているから、こんな細かい部分も難しくなくキレイに塗れるんです。

コンシーラーは指で
しっかりなじませます

塗った後は指でしっかりなじませます。
ふかふかの指の腹を使って優しく丁寧に。
トントンと軽くたたくように、目の際まで
しっかりと。特に小鼻は先に下地も塗っ
ているので、こするとムラになりやすい。
優しく軽くがポイントです!

ROSY ROSA
>>P.91

スポンジを使って
密着させます

指でぼかした後は、さらにスポンジを使
って。指だけでも充分ですが、スポンジ
を使うと肌とコンシーラーがより一体化。
仕上がりがキレイになるから、私はこの
一手間を省きたくないんです。おまけに
密着力も上がって、もちも断然良くなる
といいことずくめ。指でなじませるとき
と同じく、スポンジを滑らせないようにト
ントンと軽くね。

90%
[ヨンアメーク]

クッションファンデーションを全体に塗っていきます

クッションファンデーションを顔の中心から全体に塗っていきます。スタンプみたいにポンポンペタペタ…と軽くラフに。適当に塗ってもムラにならず、キレイに仕上がるのがクッションファンデーションのいい所です。あまり神経質にならずに、鏡を見ながら、なんとなく肌がツヤッとキレイに見えればOK。途中足りなくなったら、その都度足しながら。

IOPE
>>P.91

スポンジに残った分で細かい部分をフォロー

細かい小鼻や口周りは、最後スポンジに残った分で塗ります。塗りすぎず、足りないかも!?くらいの薄づき感の方が、絶体にキレイに仕上がります。

フィニッシュパウダーは大きめブラシを使って

ツヤツヤの肌を生かしたければ、そのままでもいいけれど、私は上品なツヤ感が好みなので、軽くパウダーを重ねます。このパウダーは専用のパフもありますが、できる限り薄くつけたいので、ブラシを使います。大きめブラシでサッととったら、手の甲で少しはらって、つきすぎを防止。

097

CLINIQUE
>>P.91

SHISEIDO
>>P.91

パウダーは目の下、鼻筋にサッと一ハケ

ツヤを消さないように、パウダーは部分的に。テカりに見えやすい目の下と鼻筋部分に、ブラシを滑らせるようにサッと塗ります。クリニークのパウダーは、クッションファンデーション好きの友達が教えてくれたもの。お粉を塗った感が全く出ない超優秀パウダーです。

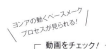

ヨンアの動くベースメークプロセスが見られる！
動画をチェック！

90%
[ヨンアメーク]

and more...

きちんと肌を作るときはこの3アイテムを投入

moisture base

下地で潤いと明るさを仕込む

「リキッドファンデーションを使うときは専用の下地がマスト。下地で色ムラやきめを整えておくと、ファンデーションが少なくてすむし仕上がりもよりキレイ」 左／「バニラ色がくすみをとばして、きめ細かなセミマット質感に。上質肌を作るならこっち」RMK クリーミィ ポリッシュトベース N［SPF14・PA++］01 30g ¥3,500 右／「みずみずしいテクスチャーはスキンケアクリームみたい! ツヤと潤い重視の日はこれをチョイス」ローラ メルシエ ファンデーションプライマー 50㎖ ¥4,000

☑ 外出先でのリタッチにはこのふたつが活躍！

「きめ細かなパウダーで厚塗りにならない。コンシーラーの後に重ねて」ディオール ディオールスノー ホワイト ピュア&パーフェクト ファンデーション［医薬部外品 SPF30・PA+++］全6色 ¥7,000

「ブラシコンシーラーは常にポーチにイン」左／「天然由来成分80%というとおり、目元に使っても安心だし乾燥もしない」THREE アドバンスド スムージング コンシーラー 01 ¥3,500 右／「キレイになじませた後は、朝イチの透明肌が復活します」イヴ・サンローラン・ボーテ ラディアント タッチ 2 ¥5,000

リキッドファンデーションでカバー力を強化

「ちょっとしたパーティやお食事会…etc.きちんと肌を作るときに頼りになるのは、やっぱり王道のリキッドファンデーション。私は程よくカバー力があるものを薄くつけるのが好き」左／「昔から愛用していてもう何本もリピート。ツヤやカバー力、すべてのバランスがとれた定番です」NARS シアーグローファンデーション 全13色 ¥5,800　右／「最近のヒットはこれ！ 肌のノイズは見事にカバーしてくれるのに、驚く程軽くて自然。独特の〝スルサラ〟テクスチャーもクセになる」イヴ・サンローラン・ボーテ タン アンクル ド ポー［SPF18・PA+++］全7色 25㎖ ¥6,500

liquid foundation

ハイライトとシェーディングで立体小顔に

「立体感やツヤが欲しいときはシェーディングとハイライトをセット使い。顔が一気に華やぎます」左／「濃く見えるけれど、実際は透けるように繊細に発色。シェーディングとして輪郭に使うと、自然な影が生まれてキュッと小顔に」ローラ メルシエ ボンミーン スティック フェイスカラー ブロンズグロウ ¥3,600　右／「バーム状のとろけるベースに細かい微粒子パールがぎっしり。パールの輝きではなく、肌そのものが発光しているように見えて、わざとらしくない！」エトヴォス ミネラルハイライトクリーム ¥3,500

highlight & shading

90%
[ヨンアメーク]

Eye Make-up

影色ブラウンをレイヤードしてさりげなく目を大きく

TPOにもよりますが、アイメークも〝メークしました感〟が苦手だから基本ヌーディなベージュ系が好き。色ものは、季節やファッションに合わせてさりげなく取り入れます。色がおとなしい分、質感にはこだわっていて、ナチュラルメークのときはツヤぽく仕上がるクリームシャドウ。きちんとメークのときはしっかり発色するパウダーシャドウと使い分けたりもします。職業柄かな？　出かける場所が自然光か照明かなんてことも気にしたり…。逆に、アイラインやマスカラは、飽きずに毎日お気に入りを使います。このふたつは、メークによってアイテムを替えるというより、入れ方や濃さを変えるイメージです。

アイシャドウは基本ブラウン。キラキラ系、派手色は気分で楽しみます

1.「パールが控えめでパーフェクトな配色。私の中の超定番です」ゲラン エクラン スィクルール 10 ¥11,000　2.「夏に使いたくなる派手色」パルファム ジバンシイ カラー・カジャル 1（上）、3（下）／限定品販売終了　3.「何色でも欲しくなるアディクションのシャドウ」アディクション アイシャドウ フルムーン（左）、オーシャンフロント（右）／廃番　4.「クリームシャドウは、パウダーよりナチュラルに仕上がる」ローラ メルシエ メタリッククリームアイカラー GOLD（左）、PLATINUM（右）各¥2,500　5.「太めクレヨンはとにかく楽チン」H&M BEAUTY NYX ジャンボペンシルアイ&リップ 609 ¥820　6.「スモーキーな色味とパールは、しっかりメークのときに」M・A・C ヴェラックス パールフュージョン シャドウ スモークリュクス ¥5,000　7.「アイホールに広めに入れるとナチュラルなのにほんのりモードな目元に」パルファム ジバンシイ オンブル・クチュール 2 ¥3,700　8.「これも完璧なブラウンパレット。ゲランと同じくもう何年も愛用」RMK インジーニアス ナチュラルアイズ N 02 ¥6,000

90%
[ヨンアメーク]

1.「軟らかい芯で描きやすいのに落ちにくいのがすごい」メイクアップフォーエバー アクアアイズ 25L ¥2,300　2.「黒に限りなく近いダークブラウン」M・A・C プロロングウェア アイ ライナー リッチエクスペリエンス ¥2,900　3.「珍しいマットホワイトは、インサイドに入れます」NARS ラージャーザンライフ ロングウェアアイライナー 8052 ¥2,200　4.「ピンクにもゴールドにも見える絶妙な色」メイクアップフォーエバー アクアアイズ 23L ¥2,300　5.「モードなシルバー。シャドウとしてもラインとしても使える1本」ディオール ディオール アディクト フル

ライン、マスカラ、アイブロウ…。
　　細部を仕上げるアイテムは
機能重視でチョイス

イド シャドウ 025 ¥3,700 6.「根元ギリギリから塗れて1本1本セパレートしたまつげに」資生堂 マジョリカマジョルカ ラッシュエキスパンダー エッジマイスター BK999 ¥1,200 7.「これも大好き。華奢なのにインパクトのある美まつげに」ヘレナルビンスタイン ラッシュクイーンミスティックブラック WP 01 ¥4,800 8.「もう何本使ったかわからない程。お湯で落ちる手軽さも最高」クリニーク ラッシュ パワー マスカラ ロング ウェアリング フォーミュラ 01 ¥3,500 9.「ボリュームを出したいときに」メイベリン ボリューム エクスプレス ラッシュセンセーショナル 01 ¥1,600 10.「ヘアメークさんの愛用率も高い名品」資生堂 アイラッシュカーラー N 213 ¥800 11.「出張や旅行のときも必ず一緒」スケールエナジー Modus Tokyo USBホットビューラー J-curl ¥3,620 12.「色味、発色、もちでこれにかなうものなし」花王ソフィーナ オーブクチュール デザイニングアイブロウコンパクト BR812 ¥3,200 13.「眉毛をとかすのに使います」資生堂 シュエトゥールズ ブロー&アイラッシュブラシ ¥1,200

103

90%
[ヨンアメーク]

Process

アイシャドウからアイブロウまでの全プロセス

laura mercier
>>P.100

ヌーディベージュの
アイシャドウをアイホールに

ナチュラルメークのときは、パウダーよりツヤっぽく仕上がるクリームシャドウの方が自然で好き。まずはローラ メルシエの肌色に近いベージュPLATINUMを、アイホール広めにのせます。量の調節が難しいクリームは、直接のせず、手の甲に1度とって量を調節するとつけすぎの防止にも。

反対側も同じように
アイホール広めにベージュを

反対側の目元と同じように。塗ったら目を開けて、塗ったら目を開けて…と繰り返して、濃さや範囲のバランスを左右で整えるのも忘れないように。

105

締め色ブラウンを
二重幅に重ねます

ベージュより1トーン暗いブラウンシャドウを二重幅に入れます。セフォラで買ったNYXのクレヨンは、力を入れなくてもスルスル描けるなめらかさと、二重幅にぴったりの太さで、締め色をのせるのにちょうどいい。難しく考えず、目頭から目尻までサッと1〜2往復。この後ぼかすから、多少ガタついてもブレても大丈夫！

NYX
>>P.100

反対側にものせたら
指でぼかします

反対側も同じように二重幅を目安にブラウンシャドウを入れます。両目に入れ終わったら、ベージュとブラウンの境目を指でぼかします。2色ともクリームなので、指を何度か左右に往復させるだけで、キレイになじみます。これで、グラデーションの完成です！

90%
[ヨンアメーク]

SHISEIDO
>>P.103

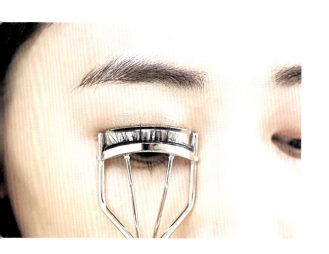

このタイミングで
まつげにビューラーをかけます

アイシャドウが完成したら、ビューラーでまつげを上げます。上げ方にはこだわりがあって、根元からしっかり上げつつ、全体にカーブをつけすぎないのがポイント。ビックリしたような目にならないように。横から見た時や伏し目がキレイに見える、上品で女らしいまつげが理想です。

まつげ同士の隙間を
ライナーで埋めます

プライベートのナチュラルメークの場合、色は黒よりブラウン。そしてまつげ際にしっかり引くより、まつげ同士の間を埋めるアイラインが定番。ペンシルをまつげの下から差し込むようにして、まつげの隙間を塗りつぶしていきます。少しあごを上げながら引くとやりやすい。目のフレームに沿って、目尻から目頭まで。忘れがちな目頭側までしっかり引くことで、よりナチュラルに見えます。

MAKE UP FOR EVER
>>P.102

下まぶたには
パーリィなラインで輝きを

下まぶた全体には、涙袋の丸みを強調するようにパーリィなピンクゴールドでラインを引きます。こうすると、少しかわいくピュアに見える効果があります。引いたらここもわざとらしくならないように、指で軽くぼかすのも忘れずに！

MAKE UP FOR EVER
>>P.102

CLINIQUE
>>P.103

繊細に仕上がるクリニーク
のマスカラを全体に

続いてはマスカラ。ダマにならないようにササッと軽めに。イメージは"根元しっかり、毛先はあっさり"です。重ねすぎてダマにならないように。あくまでも自分の素まつげがキレイになったかのような上品なまつげを目指します。塗り終わったら、1本1本の向きや角度を指で丁寧に微調整。下まつげももちろん、同じように塗ります。

90%
[ヨンアメーク]

SHISEIDO
>>P.103

眉メークの前には
眉の毛流れを整えて

アイメークが終わったら、目元の仕上げは眉メーク。まずスクリューブラシで斜め上方向に毛流れを整えます。こうして毛流れを作ると外国人風のリッチ感のある眉になるし、毛の足りない部分がわかるので、この後パウダーをのせる場所にも迷いがなくなります。

AUBE couture
>>P.103

3色のアイブロウパウダー
を自分色にブレンド

アイブロウパウダーはオーブのもの。これは色味も発色も、ブラシの使いやすさもすっごく優秀！ ほかのものもいろいろ使ってみたけれど、やっぱりここに戻ります。ナチュラルメークのときは真ん中の色を多めに。きちんとメークのときは右の濃いめの色を中心に…とメークや気分によって、色のブレンドを調節します。

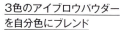

眉の足りない部分に
パウダーを足していきます

毛流れを整えた後の素眉をしっかり観察。理想の眉のための足りない部分を確認してパウダーをのせます。今なら太めストレート気味の眉がトレンドなので、眉頭下や眉尻の毛量が少ない部分にオン。それ以外はなるべくいじらずナチュラルなままをキープ。眉が描けたら目元メークの完成です。

ヨンアの動くアイメーク
プロセスが見られる！

動画をチェック！

90%
［ヨンアメーク］

Cheek&Lip

自分の本来の血色を自然に引き立てる

チークは私の中でベースメークの延長のイメージ。だからできる限り肌に溶け込むナチュラルな色がほとんど。アイシャドウと同じでより自然に見せたいときはクリームをチョイス。リップは、メークの中でいちばん冒険するパーツ。ヌーディなベージュから深いボルドーまでファッションや気分で楽しみます。

チーク&リップは
　顔が明るく見える
美肌カラーが好き

1.「2色は混ぜて使用」RMK チークパレット 2014／限定品販売終了 2.「ハイライトやアイシャドウとしてもマルチに活躍」ボビイ ブラウン シマーブリック ベージュ ¥5,400 3.「発色のいいパウダーは、きちんとメークのときに」M·A·C プロ ロングウェア ブラッシュ ステイ バイ ミー ¥3,400（左）、同 シアトーンブラッシュ ピーチ ¥3,200（右） 4.「ヘルシーなオレンジは夏につけたくなる」。スティラ コンバーチブルカラー gladiora／日本未発売 5.「美容オイル配合で乾燥も防いでくれる、クリームチーク」MiMC ミネラルクリーミーチーク 01 ¥3,300 6.「もっているだけでアガる♡」MARC JACOBS BEAUTY Kiss Pop Lip Color Stick 612（上）、602（下）／日本未発売 7.「すごく上品でセクシーなベージュ」ディオール ディオール アディクト フルイドスティック 499 ¥3,900 8.「赤みを抑えたいときに」ローラ メルシエ リップステイン ピーチグレース／廃番 9.「大好きすぎてリピートもストックもたくさんしました。廃盤が残念すぎる…」レブロン マットリップ／廃番 10.「すっぴんに塗るだけでキマるおしゃれカラー」NARS ピュアマットリップスティック 3515 ¥3,000 11.「血色を強調する鮮やかコーラル」M·A·C クリームシーン パール リップスティック プリティ ボーイ ¥2,900 12.「唇の色を補整するピンクベージュ」エスティ ローダー ピュア カラー クリスタル シアー リップスティック 01 ¥3,600 13.「最近また透明が新鮮!」アディクション リップグロス ピュア ティアドロップ ¥2,500

90%
[ヨンアメーク]

Process
クリームチークからグラデリップまでの全プロセス

MiMC
>>P.110

ニコッと笑ってから
チークをのせます

ニコッと笑ったときに盛り上がる、頬の中心にチークをのせます。チークは肌を引き立てるくらいの薄めが好きなので、つけすぎないように、1度手の甲にとって量を調節。左右にのせたら、指でたたき込むようになじませます。

ROSY ROSA
>>P.91

スポンジを使って
さらに肌に溶け込ませる

ベースメークで使ったスポンジをここでも使います。指でなじませた後、チークの輪郭をさらにスポンジでぼかしてあげると、まるで肌の内側からほんのり色づいているようにナチュラルな仕上がりに。

ヌーディなピンクベージュ
リップを全体に塗ります

ピンクベージュのリップを全体に塗ります。私は唇の赤みが強いので、ヌーディな色で唇の色を1度リセットする意味も込めて。ちなみにどんな口紅もガサガサリップでは映えないので、必ず事前に保湿。ベースメークのタイミングでリップ美容液を塗っておくのがおすすめです。

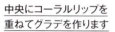

中央にコーラルリップを
重ねてグラデを作ります

上下の中央部分だけに、濃いめのコーラルリップを重ねます。こうすると内側からじんわり血色がにじんだような唇に。このグラデーションリップは韓国で流行っているテクニック。濃い色だけのリップより、ピュアでセクシーに見えます。

なじませて、整える。
最後の一手間で美唇に

上下の唇を軽くこすり合わせて2色をさらになじませます。こうするとグラデーションがよりナチュラルに。最後に、唇の輪郭を優しく綿棒でなぞると、仕上がりに差がつきます。この輪郭が目立っていると、いかにもなメーク感が出て不自然になるので注意してください。

114 **90%** [ヨンアメーク] # Nail × Accessory

(nude)

ネイルの定番といえば、ピンク〜ベージュのヌーディカラー。個人的には、甘すぎず大人っぽい色味が好き。ファッションも選ばず、手元を上品に見せてくれます。

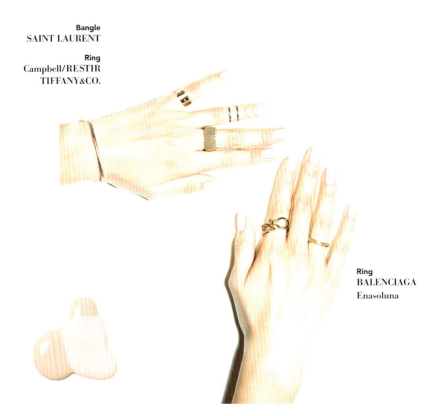

Bangle
SAINT LAURENT

Ring
Campbell/RESTIR
TIFFANY&CO.

Ring
BALENCIAGA
Enasoluna

1.　　　　　 2.　　　　　 3.　　　　　 4.　　　　　 5.

1.オーピーアイジャパン ベニス コレクション バイ オーピーアイ NLV28 ティラミス フォートゥ ¥2,000　2.PCEジャパン デボラリップマン ポリッシュ PRELUDE TO A KISS ¥2,800　3.エッシー ネイル ポリッシュ 863 ¥1,500　4.ディオール ディオール ヴェルニ 155 ¥3,000　5.イヴ・サンローラン・ボーテ ラ ラククチュール 25 ¥3,200

ネイルはファッション感覚でアクセサリーとのコーディネートを楽しむ

grayish

グレーやカーキのニュアンスを含んだグレイッシュな色は、それだけでおしゃれっぽい手元をかなえてくれる。実際に塗ると、意外と肌になじむ所も好き。

Bangle
Chloé

Ring
SAINT LAURENT

Bangle
HERMÈS

1. 2. 3. 4. 5.

1.アディクション ネイルポリッシュ 021 プライベートジェット ¥1,800 2.THREE ネイルポリッシュ 28 ¥1,800 3.TAT ネイルズ インク カラーシェイド バタシーパーク ¥2,800 4.ディオール ディオール ヴェルニ 494 ¥3,000 5.PCEジャパン デボラリップマン ポリッシュ CHASING PAVEMENTS ¥2,800

90%
[ヨンアメーク]

vivid

すぐ塗り変えられるセルフのマニキュアのときにトライするのが、
こんなビビッドカラー。ポップでカラフルな色たちは、夏になるとつけたくなる!

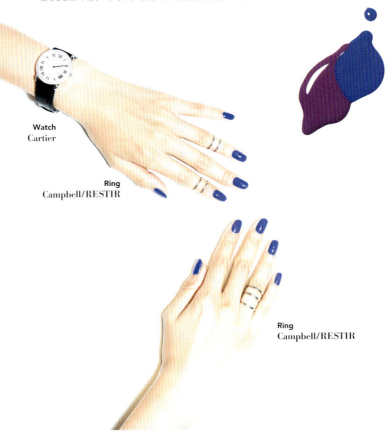

Watch
Cartier

Ring
Campbell/RESTIR

Ring
Campbell/RESTIR

1.   2.   3.   4.   5.

1.TAT ネイルズ インク ネイルケール グロスター ウォーク ¥2,600　2.PCEジャパン デボラリップマン ポリッシュ YELLOW BRICK ROAD ¥2,800　3.M・A・C スタジオ ネイル ラッカー モランジ ¥1,800　4.PCEジャパン デボラリップマン ポリッシュ SHE DRIVES ME CRAZY ¥2,800　5.イヴ・サンローラン・ボーテ ラ ラック クチュール 18 ¥3,200

burgundy

最近惹かれるのは、大人っぽくて女らしいバーガンディカラー。
シンプルなリトルブラックドレスとひと粒のダイヤで、時にはミニマム&モードに!

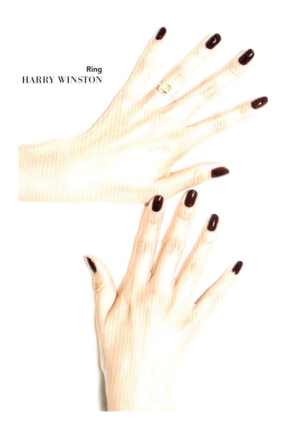

Ring
HARRY WINSTON

1.THREE ネイルポリッシュ 13 ¥1,800 2.PCEジャパン デボラリップマン ポリッシュ LADY IS A TRAMP ¥2,800 3.エッシー ネイルポリッシュ 12 ¥1,500 4.ディオール ディオール ヴェルニ 853 ¥3,000 5.オーピーアイジャパン インフィニット シャイン IS L54 スティック トゥ ユア バーガンディ ¥2,200

1.　　　2.　　　3.　　　4.　　　5.

[ヨンアフレグランス]

TELL ME
HOW TO WEAR PERFUME

いちばん最初の香りの記憶は、お母さんがつけていた香水の香り。いつも、甘く優しい香りに包まれていたように思います。自分自身、香りを身につけたのは、日本に来てから。韓国を離れての東京での初めての一人暮らし。寂しい気持ちや怖い気持ちを、好きな香りに包まれることで和らげていました。
それ以降も、香りはたくさんの思い出と結びついていて、今では私の日常になくてはならないものに。香水に限らず、ボディクリームやルームフレグランスに至るまで、毎日必ず、何かしらの香りに包まれています。
好きな香りが〝自分の香り〟になるまで、ひとつの香水をつけ続けることにも憧れますが、好きな香りがたくさんある私は、いろいろな香りを楽しみたいタイプ。フレッシュで軽いものから、スパイシーな重めのものまで。そのシーンや気分によって香りをコーディネートすること自体が楽しみになっています。
目には見えないけれど、何気ない日常を彩って包んでくれている、それが私にとっての香りです。

90%
[ヨンアフレグランス]

Perfume

TPO.や気分、シーンによってベストな香りをチョイス

香りとの出合いは一期一会。素敵な香りをつけている人がいたら「何をつけているんですか?」と聞いちゃうし、ビビビッと来た香りは迷わず買います。そうして集まったコレクションは今や数え切れない程。それぞれに物語のあるキレイなボトルは飾って見ているだけでも癒されます。その日の香りを、朝起きたときの気分や天気、会う人や着る服で選んだら、手首や足首にひと吹き。仕上げに頭上にひと吹き。全身に香りを纏うと、動いたときにさりげなく香るんです。

1.「ほかの香りとレイヤードして」ジョー マローン ロンドン アールグレー & キューカンバー コロン 100㎖ ¥15,500 2.「エレガントな香りはつける度に背筋が伸びる」ローラ メルシエ Eau de LUNE／日本未発売 3.「N.Y.でしか買えない、オードリー・ヘップバーンが愛用していたという名香」English Promenade 19／日本未発売 4.「チューリップのイメージを香りで表現したという珍しい香水」BYREDO PARFUMS LA TULIPE／日本未発売 5.「カッコいい女性をイメージさせる大人の香り」コティ・プレステージ・ジャパン ボッテガ・ヴェネタ オードパルファム 50㎖ ¥12,200 6.「すっきりした香りで夏にぴったり」ACQUA DI PARMA ARANCIA di CAPRI／日本未発売 7.「大好きでたくさんつけた思い出深い香り」コティ・プレステージ・ジャパン クロエ オードパルファム 30㎖ ¥7,900 8.「つけるだけで女性らしくなれる」ブルーベル・ジャパン ペンハリガン エレニシア オードパルファム 100㎖ ¥21,500 9.「何本もリピート、夫婦でもシェアする定番の1本」ディプティック オードワレ オー ローズ 100㎖ ¥12,700 10.「おしゃれなボトルが素敵」コティ・プレステージ・ジャパン バレンシアガ ローザボタニカ オードパルファム 50㎖ ¥9,400 11.「清潔感のある香りでシーンを選びません」フィッツコーポレーション クリーン スキン オードパルファム 60㎖ ¥9,500 12.「『何つけてる?』と聞かれる率が高い」ブルーベル・ジャパン ボンド・ナンバーナイン ユニオンスクエア オードパルファム 100㎖ ¥33,000

Body Cream

香水よりふんわり優しく香らせたいときに…

バレンシアガ
BALENCIAGA

「甘さ控えめなパウダリーで、肌なじみ抜群。大好きな香水が忠実に再現されています」コティ・プレステージ・ジャパン バレンシアガ パリ ボディローション 200㎖ ¥6,600

ボッテガ・ヴェネタ
BOTTEGA VENETA

「軽さや甘さとは一線を画す、アンバー系は、大人の女性のイメージ。冬の定番」コティ・プレステージ・ジャパン ボッテガ・ヴェネタ パフューム ボディクリーム 200㎖ ¥10,500

ローラ メルシエ
laura mercier

「その名のとおり、ホイップのようになめらかなテクスチャーと豊かな香りが肌に広がると、幸せな気分に」ローラ メルシエ ホイップトボディクリーム アンバーバニラ 300g ¥5,500

フレグランス系のボディクリームは、誰かのためというよりどちらかというと自分のための香り。体温と混ざって放たれる、角のない柔らかい香りは、ボディクリームならでは。香水とはまた違った魅力があります。つけ方は、朝のスキンケアの延長で、自分にだけ香るようにサラッと塗ること。その後ナチュラルな香りで過ごしたいときは、ボディクリームだけのときもあるし、支度しながら1日の予定を考えて、出がけに違う香りの香水をレイヤードするのも、また楽しいんです。

クロエ
Chloé

「甘さと爽やかさを兼ね備えた香りは、季節を問わず一年中楽しめる。何個もリピートした定番」コティ・プレステージ・ジャパン クロエ パフューム ボディクリーム 150㎖ ¥10,000

ジョー マローン
JO MALONE

「洋ナシとフリージアが上品に調和。好感度が高そうで、しっかり大人の深みもあります」ジョー マローン ロンドン ボディ クレーム イングリッシュ ペアー & フリージア 175㎖ ¥11,000

ペンハリガン
PENHALIGON'S

「穏やかで優しい気持ちになれる女らしい香り。気に入って、後日同じ香水も買った程」ブルーベル・ジャパン ペンハリガン エレニシア ハンド&ボディクリーム 150㎖ ¥6,000

ヨンアのキレイを支える
BEATUY SPOTS 9

セルフケアではなかなか手が届かない細部のメンテナンスや突然の肌トラブル…。そんなときに頼りになるのは、やっぱりプロの手。ヨンアが足繁く通うとっておきのビューティスポットを初公開します。

uka 東京ミッドタウン店
「主にヘッドスパに通っています。広々として落ち着いた雰囲気にも癒されて、帰る頃には元気になる！ 優秀なオリジナルコスメも行く度にチェックします」
⑭東京都港区赤坂9-7-4 東京ミッドタウン
ガレリア2Fビューティ&ヘルスケアフロア
☎03-5413-7236　http://www.uka.co.jp

KEIIY AOYAMA
「ヘッドからボディまで豊富なメニューで、何をやってもハズレなし！ ここで売っている炭酸パック『プレタパック』もお気に入り。肌に透明感が出てツルツルになるんです」
⑭東京都渋谷区神宮前3-41-5 青山MIKIビル
☎03-3478-3773　http://www.kelly-aoyama.com

Sense Ron Herman 千駄ヶ谷店
「SHIGETAのオイルを使って全身をマッサージするコースが定番です。行くとホッとして自分の部屋みたいにくつろいじゃう。そのおしゃれな空間も大好きな理由のひとつ」
⑭東京都渋谷区千駄ヶ谷2-11-1　☎03-6386-7468
http://ronherman.jp/sense/

ジュエルクリニック恵比寿
「医療レーザー脱毛でお世話に。麻酔クリームを塗ってから施術してくれるので、痛みが圧倒的に少ない。清潔感のある院内と丁寧な対応で、安心してお任せできます」
⑭東京都渋谷区恵比寿1-10-8 トレベルノ4F
☎0120-68-0440　http://www.aoyamajewel-c.com/

nua 表参道店
「ワックス脱毛ならここ。モデル仲間の間でも評判です。本場ブラジルの方がやってくれるから早くて上手。毎年夏になると、水着を着る前には必ず行きます」
⒜東京都渋谷区神宮前4-8-17 ラミアール神宮前102
☎03・6804・5285　http://www.nuajapan.com

ABBEY2
「担当は中村さん。付き合いも長くて、髪質や好みを全部分かってくれているからいつもお任せ！ 3週間に1度は必ず行って、カット、カラー、トリートメントをします」。
⒜東京都港区南青山4-21-26 RUELLE青山・A棟 3F
☎03・3405・6655　http://abbey2007.com

penelope 表参道店
「ネイルケアはいつもここ。色のセンスが抜群で、いつもイメージ以上に仕上げてくれます。リラックスできるふかふかのイスも最高。長時間の施術も疲れません」
⒜東京都港区南青山5-6-24 南青山ステラハウス8F
☎03・6450・5057　http://penelope246.com

青山通り皮フ科
「優しい女医の藤山先生には、小さな肌トラブルから何でも相談。ケアもできるし、セラミドローションなどのオリジナルドクターズコスメも優秀で愛用しています」
⒜東京都港区南青山3-13-22 善光堂ビル5F
☎03・5770・4112　http://www.ast-derma.jp

美馬皮膚科
「アレルギーや湿疹が出たときに駆け込む皮膚科。的確な診断と薬の処方で、どんなトラブルも治りが早い。私の駆け込み寺的な存在です」
⒜東京都渋谷区道玄坂2-25-6 ホリウチビル3F
☎03・3496・9730

SHOP LIST

RMK Division	0120-988-271
アヴェダお客様相談室	03-5251-3541
アディクション ビューティ	0120-586-683
アモーレパシフィックジャパン	0120-570-057
イヴ・サンローラン・ボーテ	03-6911-8563
uka 東京オフィス	03-5775-7828
H&M BEAUTY	0120-396-138
エスティ フィロソフィ	03-5778-9271
エスティ ローダー	03-5251-3386
エッシーお客様相談室	0570-200-634
エトヴォス	0120-0477-80
MiMC	03-6421-4211
MTG (MDNA SKIN)	0120-077-741
MTG (ブロージョン、リファ)	0120-467-222
オービーアイジャパン	0120-559-330
花王 (キュレル)	0120-165-692
花王ソフィーナ	03-5630-5040
ガルデルマお客様相談室	0120-590-112
キールズ	03-6911-8562
キャン	03-5396-5407
グラクソ・スミスクライン	03-6672-6202
クラランス	03-3470-8545
クリニーク お客様相談室	03-5251-3541
ケラスターゼ	03-6911-8333
ゲラン	0120-140-677
コーセーコスメポート	03-3277-8551
コスメデコルテ	0120-763-325
コティ・プレステージ・ジャパン	03-5413-1062
小林製薬お客様相談室 (衛生スキンケア用品)	0120-5884-06
ザ・ペニンシュラ東京(スパ)	03-6270-2299
サボン ジャパン	0120-380-688
サンマリーノコレクション	0120-980-535
ジーシー	0120-416-480
ジェイ・ビー・マシナリー	0120-00-7980
シケタ ジャパン	0120-945-995
シスレージャパン	03-5771-6217
資生堂お問い合わせ先	0120-30-4710
資生堂プロフェッショナル	0120-81-4710
資生堂薬品	03-3573-6673
下鳥養蜂園	0120-11-8383
シュウ ウエムラ	03-6911-8560
ジョー マローン ロンドン	03-5251-3541
ジョンソン・エンド・ジョンソン コンシューマー カンパニー	0120-101110
水素生活	03-5761-7920
スケールエナジー	045-263-6186
スタイラ	0120-207-217
SUQQU	0120-988-761
スパークリングビューティー	06-6121-2314
スプレンダー ISO	03-6806-0515
THREE	0120-898-003
タカミ	0120-291-714
W and P	03-6416-9790
ツイギー	03-6413-1590
TAT	03-5428-3488
ディプティックジャパン	03-6450-5735
ドゥ・ラ・メール	03-5251-3541
NARS JAPAN	0120-356-686
日本スイス・パーフェクション	0120-575-269
パルファム ジバンシイ [LVMHフレグランスブランズ]	03-3264-3941
パルファン・クリスチャン・ディオール	03-3239-0618
パン インターナショナル	048-989-5666
PCEジャパン	03-3546-2636
フィリップス お客様情報センター	0570-07-6666
フィッツコーポレーション	03-6892-1332
フランシラ&フランツ	03-3444-8743
ブルーベル・ジャパン 香水・化粧品事業本部	03-5413-1070
ヘレナ ルビンスタイン	03-6911-8287
ポーラお客さま相談室	0120-117-111
ボビイ ブラウン	03-5251-3485
マックス ファクター (SK-Ⅱ)	0120-021325
M・A・C (メイクアップ アート コスメティックス)	03-5251-3541
メイクアップフォーエバー	03-3263-9321
メイベリン ニューヨーク	03-6911-8585
モロッカンオイル ジャパン	0120-440-237
ユニリーバ お客様相談室(ヴァセリン)	0120-110-747
ロージーローザ	0120-253-001
ロート製薬	03-5442-6020
ローラ メルシエ	0120-343-432
ロクシタンジャポン カスタマーサービス	0570-66-6940

皆さんへ

読んでくれて 本当に ありがとう ございました。
少しでも 皆さんの お役に
　　　　　立てたら とても うれしいです！
これからも いっしょに
　　美容を がんばりましょうね ♡ ☺

LOVE
ヨシザワ

2015. 12 ♡　♡

Photography

金谷章平（人物・表紙、P4～25、P55、P63、P127）

酒井貴生（aosora/人物・P32～37、P48～51、P64～65、P68～71、P74～85、P88～89、P92～97、P104～109、P112～117）

野呂知功（TRAIVAL/静物・角版分）

金野圭介（静物・切り抜き分）

Digital works

水谷真理子（DIGI CAPSULE）

Hair&Make-up

佐々木貞江（表紙、P4～25、P55、P63、P127）

河北裕介（P32～37、P48～51、P64～65、P68～71、P74～85、P88～89、P92～97、P104～109、P112～117）

Styling

百々千晴（人物）

池田直美（静物）

Movie

Iturup Works Inc.

Art Direction&Design

COSTA MESSA

Artist Management

後藤さつき（オスカープロモーション）

大月康陽（オスカープロモーション）

Promotion Producer

鈴木誠司（オスカープロモーション）

松木 昭（オスカープロモーション）

Exective Producer

古賀誠一（オスカープロモーション）

衣装協力

Wolford銀座並木通り店　☎03-6280-6800　エディット フォー ルル 青山店　☎03-5772-3266
アメリカンアパレル カスタマーサービス　☎03-6418-5403　トリンプ・インターナショナル・ジャパン　☎0120-104-256
P8～11：ブラジャー¥8,500・ショーツ¥4,800（共にエディット フォー ルル 青山店〈ベース レンジ〉）　P12～15：ニットタンクトップ¥5,190（アメリカンアパレル カスタマーサービス〈アメリカンアパレル〉）、ブラジャー¥2,900・ショーツ¥1,400［ブラジャー・ショーツ共にゼロ フィール］（共にトリンプ・インターナショナル・ジャパン〈スロギー〉）、デニムパンツ／スタイリスト私物　P16～19：ガウン／本人私物　P20～21：デニムパンツ／スタイリスト私物　P64～65：キャミソール／スタイリスト私物　P88～89：ニット／スタイリスト私物　P80～83：すべてスタイリスト私物　スキンケア、ヘア、メークページプロセス：白ボディースーツ¥27,000（Wolford銀座並木通り店〈Wolford〉）　ボディケアページプロセス：タンクトップ＆ショートパンツ／スタイリスト私物

撮影協力
EASE、AWABEES、UTUWA、PUEBCO（☎050-3452-6766）

90％ヨンア

2015年12月23日初版第1刷発行

著者	ヨンア	印刷所	共同印刷株式会社
発行人	藤田基予	製本所	牧製本印刷株式会社
発行所	株式会社 小学館	制作	直居裕子、望月公栄、浦城朋子
	〒101-8001 東京都千代田区一ツ橋2-3-1	販売	中山智子
電話	03-3230-9372（編集）	宣伝	月原 薫
	03-5281-3555（販売）	構成	杉浦由佳子、天野佳代子（美的編集部）
		編集	兵庫真帆子、鈴木智恵（共に美的編集部）

©oscarpromotion
Printed in Japan
ISBN978-4-09-342615-2

造本には十分注意しておりますが、印刷・製本など製造上の不備がございましたら、「制作局コールセンター」（フリーダイヤル0120-336-340）にご連絡ください。（電話受付は、土・日・祝休日を除く9:30～17:30）
本書の無断での複写（コピー）、上演、放送等の二次利用、翻案等は、著作権法上の例外を除き禁じられています。本書の電子データ化などの無断複製は著作権法上の例外を除き禁じられています。代行業者等の第三者による本書の電子的複製も認められておりません。
QRコード®からの視聴サービスについてのお問い合わせは、編集部☎03-3230-9372へお願いします。QRコード®を読み取って表示されるウェブページの無断使用、転載を禁じます。この本で紹介している商品の価格はすべて、本体のみ（税抜）、情報は2015年11月末日時点でのものになります。